MW01705015

LES FONCTIONNAIRES illustrés de A à Z

Textes : Stéphane GERMAIN
Illustrations : Mo/CDM

La Sirène

© Source Publishing, Genève 2002

ISBN : 2 88461 388 9

Affectation

L'affectation affecte avant tout le fonctionnaire. Ceux dont le poste est indéfectiblement associé à un lieu géographique (la Ville de Paris par exemple) n'ont guère d'angoisse. Il en va autrement du tout jeune prof ou de l'agent de Police qui prennent en courbant le dos le chemin des ZUP, ZAC, ZEP.

Agent

« Mais puisque je vous dis qu'il était vert, Monsieur l'Agent ». Il n'y a pas que dans la Police qu'il y a des agents, même si l'on s'adresse rarement aux autres fonctionnaires en rappelant leur titre. Il serait tout aussi légitime, s'adressant à un jardinier de sa commune, de recourir au même vocable, mais c'est vrai que l'on a moins souvent l'occasion de leur parler.

Ambition

Difficile pour les ambitieux de s'épanouir dans la fonction publique. La promotion à l'ancienneté, les effectifs parfois pléthoriques, l'impossibilité de brûler un échelon hiérarchique, tout ceci promet à ceux dont les dents rayent le parquet de les voir s'émousser rapidement.

Aménagés

Si les locaux ne sont pas toujours très bien aménagés, il n'en va pas de même des horaires. 70% des fonctionnaires bénéficieraient d'un emploi du temps sur mesure.

Atos

Ce sigle - un de plus - désigne les personnels administratifs, techniques, ouvriers et de service. En clair, des cuisiniers, des gardiens, des femmes de ménage. L'Etat en recrute environ 8 000 par an. Reste à ouvrir des postes d'Aramis et de Portos, et on aura ainsi 8 000 nouvelles équipes prêtes à récupérer les ferrets de la Reine.

Budget de l'état

Contrairement à certaines idées reçues, le Budget de l'État n'est pas alimenté par une planche à billets située dans les sous-sols de l'Élysée. Celui-ci trouve ses ressources dans les poches des contribuables, qui ont donc en théorie droit à un accueil bienveillant dans leurs administrations, car 33% de leurs impôts servent à payer les fonctionnaires, premier poste de dépense de l'État.

Cadres

Dans la fonction publique, il y a une majorité de cadors. Pensez, alors que dans le privé les cadres ne représentent que 15% des effectifs, ils sont plus de 43% dans l'administration depuis que les profs sont considérés comme cadres. Au fait, ils encadrent qui les profs ? Les moniteurs de colonie de vacances feraient bien d'y réfléchir.

Cap

Telles sont résumées les « Commissions Administratives Paritaires » qui tranchent les délicats problèmes de promotion des fonctionnaires. En effet, l'avancement à l'ancienneté crée parfois des bouchons que la notation au mérite est censée pouvoir régler. En pratique, cette notation du mérite prend largement en compte ... l'ancienneté, dont les CAP font un critère majeur.

Carrière

Faire une « brillante » carrière est réservée à l'élite de l'élite de la Fonction Publique. Les autres sont condamnés à suivre le train d'escargot de l'administration, ce qui conduit parfois à une démoralisation extrême d'éléments prometteurs. L'État est donc un mauvais patron.

Catégories

Plusieurs millions d'individus ont été arbitrairement classés en trois catégories. Il y a tout d'abord les chefs - de catégorie A - qui assument des tâches de conception et de direction. On trouve ensuite les moyens chefs - les B - en charge de l'encadrement des C et de l'application des idées géniales des A. Puis viennent les moins chefs, voire pas chefs du tout, - la catégorie C - qui exécutent les directives des B, et qui n'ont plus la consolation de cotoyer des D, catégorie supprimée à l'occasion des accords Durafour (*).

Changer

On dit parfois que les fonctionnaires ne sont pas des aventuriers dans l'âme. Eh bien sachez que l'on se gausse sottement. Bien intrépide l'agent de l'État qui, cherchant à quitter sa brumeuse région pour le chaud soleil du midi, s'imagine pouvoir demander une nouvelle affectation. C'est un peu comme le marathon, en plus long et plus pénible encore.

Chaussures

Le descriptif des primes des agents de l'État a tout de l'inventaire à la Prévert. Prenez les agents hospitaliers, on leur a concocté une petite prime de chaussures. Les autres iraient-ils nu-pieds ?

Chômage

Céquoidon ?
Imaginez un fonctionnaire misanthrope, ne lisant pas les journaux et dépourvu de radio ou de télé.
Eh bien ce type, on devrait lui expliquer ce qu'est le chômage.
Dingue, non ?

Collectivités locales

Les collectivités locales, Mairies, Communautés Urbaines, Office HLM (hmmm!) sont de gros pourvoyeurs de fonctionnaires - environ 1 million - au titre de la fonction publique territoriale. Aviez-vous remarqué que toutes les collectivités sont « locales » ou « territoriales » ? (on imagine alors qu'un territoire doit être plus grand qu'un local - quoique un très beau local à vélo...). Jamais l'ombre d'une collectivité nationale.

Concours

Il y a chaque année - tenez-vous bien - environ - tenez-vous mieux - un million de candidats aux concours de la fonction publique pour 65 000 places seulement. Il y a donc 93,5 % d'échec à ces concours, ce qui signifie pour l'usager que derrière ce guichet de la sécu se cache le gratin de la Nation, ces 6,5% de surhommes et surfemmes qui ont triomphé des épreuves. Des fois, tout de même, c'est dur à croire.

Concours internes

Pour échapper à l'ascenseur asthmatique de la progression interne, la seule solution vraiment efficace consiste pour le fonctionnaire à passer lui aussi des concours. Qu'on se rassure, personne n'a imaginé mélanger dans des salles d'examen des agents du service public et des quidams. On leur a réservé des concours dits « internes », réputés plus faciles, mais auxquels les taux d'échec sont comparables (90%).

Conditions de travail

Mauvais patron, se souciant peu de l'épanouissement de ses ouailles, l'État est qui plus est un piètre organisateur. Les conditions de travail du personnel s'en ressentent donc beaucoup : locaux vétustes, bureautique désuète quand elle existe, etc... Les tentatives de décentralisation menées ces dernières années se sont heurtées au manque de formation de l'encadrement, et il n'est donc pas rare de voir arriver des ordinateurs flambant neufs, sans qu'un budget formation n'ait été alloué.

Contractuels

Ce sont les 900 000 parias de la fonction publique. Ils sont rémunérés hors grille indiciaire, se voient proposer des CDD de 3 ans sans garantie de l'emploi, mais peuvent passer les concours « internes ». Les décoratrices de pare-brise, par exemple, font parties de ces damnés de l'administration. C'est moche.

Contrainte matinale

Allez, une pause « prime ». Tenez, celle là elle est chouette. La prime de contrainte matinale pour les éboueurs. Il faut que j'en parle au commis boulanger.

Corpsards

Si chaque fonctionnaire appartient à un corps (*), chacun d'entre eux n'en est pas pour autant un « corpsard ». Ce terme désigne l'élite dorée des 4000 fonctionnaires issus d'un « grand » corps : Inspection des Finances, Cour des Comptes, Conseil d'État... C'est pour eux que la disponibilité (*) est la plus rentable : ils peuvent sans aucun risque se lancer dans la politique ou les affaires, en étant sûr qu'à tout moment ils pourront retrouver un job à 400 000 F dans leur corps d'origine. Jacques Calvet, ex-PDG de Peugeot a mis ainsi 12 ans avant de démissionner officiellement de la fonction publique.

Corps

Les fonctionnaires, c'est bien connu, font corps. Plus exactement, ils ont réussi à faire 1600 corps, des beaux et musclés - comme celui des pompiers - ou des bien roulés - comme ceux des infirmères. Plusieurs millions d'âmes réunis en 1600 corps, ça doit quand même se bousculer un peu.

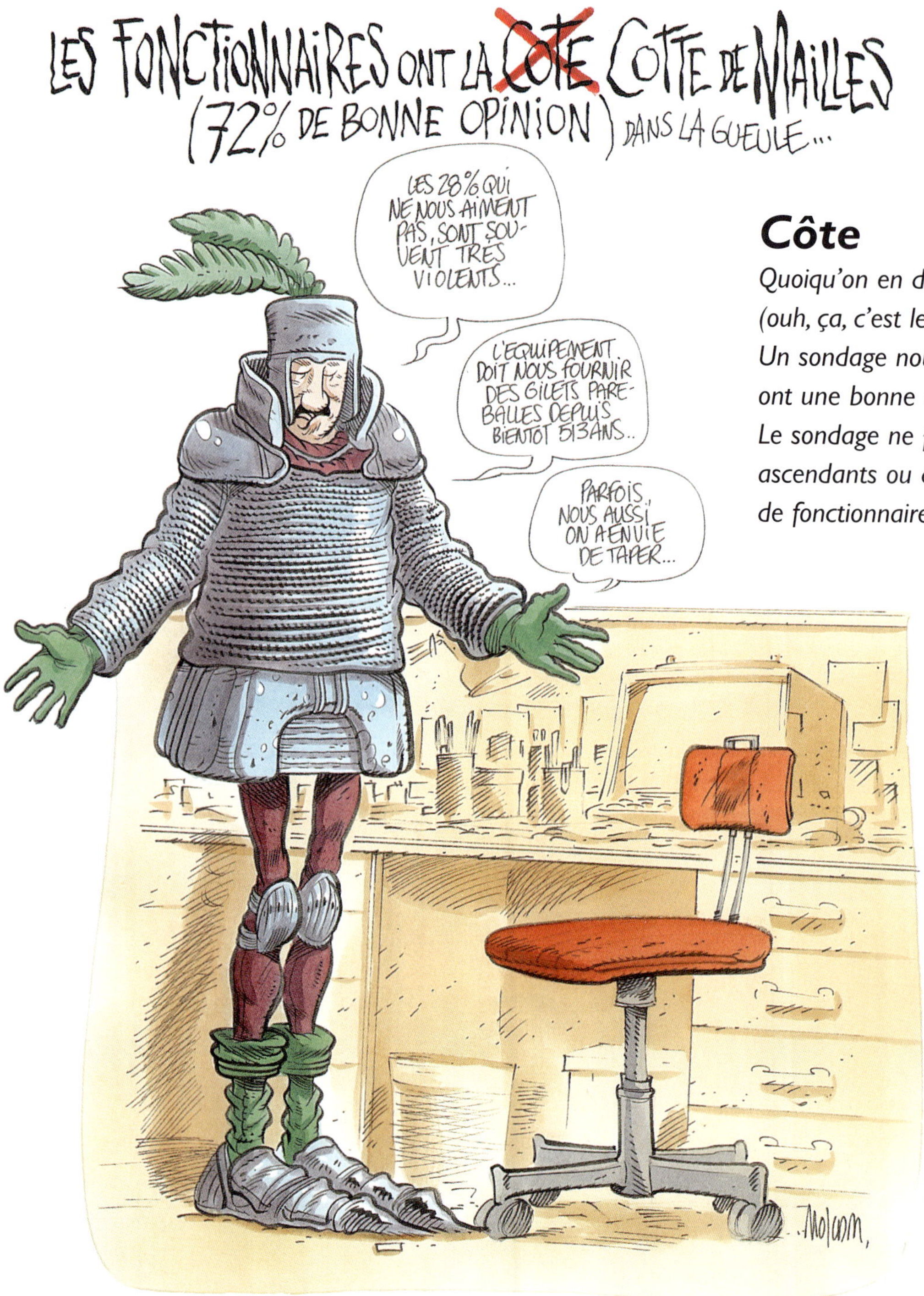

Côte

Quoiqu'on en dise, on les aime bien nos fonctionnaires (ouh, ça, c'est le bon fonctionnaire à son ch'ti pépère). Un sondage nous apprend que 72% des salariés du privé ont une bonne opinion des agents de la fonction publique. Le sondage ne précise pas si les sondés sont mariés, ascendants ou descendants ou colatéraux de fonctionnaires. Allez quoi, si on peut plus rigoler.

Disposition

La mise à disposition, c'est ce qui permet à un fonctionnaire de quitter provisoirement son administration d'origine pour aller goûter aux joies d'une autre ou à celles du secteur para-public (les Aéroports de Paris par exemple). Rien à voir donc avec la disponibilité : quand on est mis à disposition on n'est pas disponible.

Disponibilité

Imaginez un travailleur du secteur privé qui annonce à son patron que, primo, il va s'absenter pendant deux à trois ans, et que deuxio, à l'issue de cette absence, il compte bien retrouver son poste et la paie qui va avec. Tête du patron... Dans le public, ça se fait pourtant tous les jours. Ca s'appelle la mise en disponibilité, pour aller voir ailleurs, sans risquer le chômage.

LE DINER DU DOUANIER...

Douane

Supermen de la fonction publique, dotés de super-pouvoirs (de contrôle) et qui volent (si, si, c'est vrai). C'est ainsi que vous pouvez rencontrer de plus en plus de douaniers volants (vous voyez bien), redéployés sur tout le territoire depuis que Maastricht et Schengen ont progressivement abolis les frontières de la République.

Droit

Attention, l'agent du service public est protégé dans l'exercice de ses fonctions.

Durafour

Saint homme, ex-ministre de la Fonction Publique, ayant donné son nom à des accords. Ceux-ci ont permis notamment de supprimer la catégorie D (la plus basse), et donc d'aligner la rémunération de ces fonctionnaires sur ceux de la classe C. Son nom est révéré.

Injurier la sympathique employée de mairie décérébrée qui vous balade de bureau en bureau depuis une heure constitue un outrage puni par la Loi. Tant pis.

Éducation nationale

L'Éducation Nationale est le premier employeur du monde depuis la quasi-disparition de l'Armée Rouge. Plus d'un million cent mille fonctionnaires sont gérés depuis Paris, aberration à laquelle certains dégraisseurs de mammouths aimeraient bien mettre fin. Dans l'enthousiasme général, il faut bien le dire.

Emplois jeunes

Nouvelle catégorie de la fonction publique, les emplois-jeunes constituent un casse-tête amusant. Il faut d'abord trouver des tâches qui ne soient absolument pas en concurrence avec celles des fonctionnaires déjà en place, d'où les agents d'ambiance (on considère en effet que, par exemple, les flics ont tendance à casser l'ambiance). Ensuite, il faudra trouver l'homme politique qui, à l'issue des CDD de 5 ans, annoncera aux 150 000 lauréats que la fête est finie et qu'il faut aller pointer.

Employeur

Dans le privé on lorgne parfois sur les avantages du public, c'est sûr. Cela dit, s'il y a bien un truc que les agents du service public sont prêts à échanger avec ceux du privé, c'est bien leur patron. L'État est en effet un employeur lamentable, gérant mal son personnel, le démotivant dès qu'il en a l'occasion. Et on ne peut même pas le séquestrer pour dire son ras le bol, il n'a pas de visage.

L'ETNA DÉLOCALISÉ À STRASBOURG..

ENA

C'est fou comme en cinquante petites années (contre 200 à Polytechnique) l'ENA s'est imposée comme l'Ecole de référence, symbôle tout à la fois de l'excellence et de la technocratie froide. 4000 anciens élèves tiennent les reines et de la fonction publique et du secteur privé. Parmi eux quelques uns sans doute ont mûri la réforme qui a permis de délocaliser partiellement l'ENA à Strasbourg, au mépris de l'intérêt des étudiants, des profs et des contribuables (120 millions de Francs par an). On peut dormir tranquille.

État

Tous les fonctionnaires ne travaillent pas pour l'État, loin s'en faut. Seul le tiers des effectifs - soit deux millions d'individus - a pour Chef Suprême le Premier Ministre. Tout le monde n'a pas l'occasion de voir aussi souvent son patron à la télévision.

CHÉRI, JE CROIS QUE NOUS AVONS TERMINÉ LES MONTRES HIER..
AH OUI. TU AS RAISON. JE RE-PRENDS UNE BOITE DE ROLEX..
Rollex
MONSIEUR & MADAME COMMISSAIRES EUROPÉENS FONT LEURS COURSES...

Europe

L'Europe libérale a quand même su accoucher de 30 000 fonctionnaires, et ce n'est qu'un début. Ils se mitonnent tranquillement quelques avantages maison bien sentis. Les commissaires européens seront ainsi les seuls citoyens de l'Union a pouvoir continuer à faire leurs courses hors taxes après le 31 décembre 1998. Pour tous les autres, le duty-free, c'est fini.

Fonction

Les définitions de fonction dans le service public servent un peu de cache-misère. Comment deviner que cet « Assistant territorial de conservation du patrimoine et des bibliothèques » travaille en fait comme employé au musée du lacet de Gueméné Penfau ?

Gardien de la paix

Étonnant. Aucun diplôme n'est requis pour participer au concours recrutant les Gardiens de la Paix. On va finir par nous révéler qu'ils ne savent ni lire ni écrire.

Gouvernement

80% des ministres sont issus de la fonction publique.
254 députés sur 577 le sont également.
Normalement, je dis bien normalement,
les fonctionnaires de ce pays n'ont rien à
craindre des 20 à 25 prochaines années.

Grève

Les temps changent. Jusqu'en 1940, la grève des agents était assimilée à une faute grave. Depuis 46, la Constitution garantit ce droit à tous les citoyens, sauf à quelques catégories bien spécifiques, comme les fonctionnaires de police. Pour compenser ce fait, ils touchent une prime. Donnons le droit de grève aux flics et aux Gendarmes : ce sera moins cher, et on pourra foncer sur l'autoroute.

Grilles indiciaires

Ces grilles, instituées en 1948 fixent pour chaque fonctionnaire un indice de rémunération en fonction de sa catégorie, de son échelon et de son grade, modulée par son statut particulier et l'âge du capitaine (indice 3b, échelon 140).

Hauts fonctionnaires

Les gouvernements passent, les quelques milliers de hauts fonctionnaires restent. Dans le temps l'État c'était peut-être Louis XIV, maintenant, c'est eux.

Impôts

Les fonctionnaires du fisc sont des gens heureux. Choyés par l'État, rémunérés parfois en liquide - non déclarés, les inspecteurs ont la cote également dans le privé. Les grandes entreprises et les fiscalistes se les arrachent à plus d'un million de Francs par an pour que leur talent permette plus facilement ... d'échapper au fisc.

IRA

Lointains cousins de l'Ecole Nationale d'Administration (*), les IRA sont les Instituts Régionaux d'Administration. Ils forment les Attachés des administrations centrales, des préfectures ou de l'Éducation Nationale. Contrairement à ce que provoquent leurs cousins, personne ne fantasme sur un complot des « irarques » (à moins qu'ils ne préparent en douce une révolution à grands coups d'agrafeuses).

Mr GEORGES INSPECTEUR DU FISC
116
Mme IRMA-VOYANTE
IRMA
MOLOOM

Jardinier

On l'a vu, pour être flic point besoin de diplôme. En revanche pour être jardinier dans une commune, le niveau BEP est requis. Comme quoi, étaler du fumier c'est plus compliqué que mettre des PV.

Liaison

Les fonctionnaires disposent de 12 000 véhicules particuliers dits « de liaisons ». C'est une grande famille, ils sont très liés.

Location de cyclomoteurs

Les agents de la municipalité de Paris disposent d'un privilège rare : ils ont le droit de louer des cyclomoteurs à des conditions avantageuses. Imaginer Tibéri en mob' en train de pédaler, avec Xavière sur le porte-bagage, ça illumine

Logement de fonction

10% du parc national, soit 2 millions de logements, sont mis gracieusement à la disposition des fonctionnaires. Directeur des Hôpitaux ou SASU (secrétaire d'administration scolaire et universitaire), 40% des agents sont logés aux frais de la princesse.

Magistrats

Voilà un secteur où personne ne se plaint du sureffectif ! En 20 ans, le nombre de procédures judiciaires a été multiplié par trois, alors que les effectifs n'ont augmenté que de 20%. Autre solution : moins de flics, comme ça il y aura moins d'arrestations.

Millerand

Monsieur Millerand (non non, les « t » n'ont pas été transformés en « l ») aimait les femmes (l'autre aussi, paraît-il). Ce fut lui qui en 1884 recruta les premières dactylos dans les services de l'État au sein de son ministère du commerce, ajoutant aux manches de lustrine le charme du jupon. Depuis les femmes ont fait leur chemin, même si les dactylos ont tendance à disparaître.

Nombre

Il y a en France environ 6,2 millions de fonctionnaires et d'employés des services publics ce qui représente 25% des actifs, contre 15% en Allemagne ou en Grande Bretagne. Parmi eux, près d'un million de contractuels (*) ne bénéficient cependant pratiquement d'aucun des avantages de leurs collègues. En revanche ils ont, comme eux, l'inconvénient de devoir se lever le matin pour aller bosser. C'est dur.

Opaque

Les membres des cabinets ministériels reçoivent chaque mois une « enveloppe ». Il ne s'agit pas de mots tendres, mais de cash, directement prélevé sur les fonds secrets de Matignon et qui peut représenter 50% de leur rémunération. Chaque franc touché est scrupuleusement déclaré au fisc (enfin, on le suppose).

Pantouflage

Les hauts fonctionnaires aiment leur confort et « pantouflent » volontiers. C'est ainsi qu'ils se mettent en disponibilité (*) et vont en charentaises tâter du secteur privé, pour voir s'il y fait meilleur vivre. C'est laid, mais c'est confortable.

Perles

Il circule sur l'internet quelques merveilleuses perles de fonctionnaires que Courteline n'aurait pas désavouées, de « Votre nom de famille doit obligatoirement commencer par les deux chiffres du département. » à « Le sexe de l'assuré ne doit pas dépasser de la colonne. » Reste à savoir si elles sont vraies (aucune source n'est jamais citée), ou si elles sont le fruit de l'imagination fertile des contribuables, usagers et autres assujettis.

QU'EST-CE QUI S'EST PASSÉ..!
¡RHAA! ..LE RAPPORT SUR LES 250 PLUS FORTES RÉMUNÉRATIONS DE LA FONCTION PUBLIQUE, QU'AVAIT DEMANDÉ LE MINISTRE VIENT DE S'AUTODÉTRUIRE!

Photocopie

Lorsque le Ministre de l'Économie et des finances a demandé la liste des 250 plus fortes rémunérations de la Fonction Publique, il a attendu plusieurs mois avant d'obtenir satisfaction. Mieux, quand le précieux brûlot est arrivé, il lui a été remis imprimé sur du papier spécial ... non photocopiable.

Primes

Pour les fonctionnaires, c'est toujours « prime time ». De la prime d'escarbille toujours en vigueur 30 ans après la dernière locomotive à vapeur, à la prime d'égout pour les conseillers d'État qui date de l'époque où ils vérifiaient les travaux d'assainissement des villes, le maquis des 3000 primes relègue le maquis Corse au rang de clairière, et représente de 13 à 40 % de leurs revenus.

Recherche d'emploi

On le sait peu, mais pour les heureux élus des concours de la fonction publique territoriale, être reçu ne suffit pas pour avoir un job. Encore faut-il trouver une collectivité locale preneuse de vos compétences, ce qui s'assimile à une recherche d'emploi classique. Et au bout du chemin il y a Aix en Provence ou Noeux Les Mines (12 421 hab).

Réforme

La réforme de la Fonction Publique est au programme. Tantôt un ministre, tantôt un Secrétaire d'État en a la charge. Et que je te rédige des livres blancs, et que je te diligente des missions dont les conclusions sont fracassantes depuis 10 ans au moins. Croyez-moi, quand tout ces gars-là vont s'apercevoir qu'aucune réelle réforme n'a encore été mise en oeuvre, les rapports sévères vont pleuvoir.

Rémunération

Plutôt pas mal payés les fonctionnaires : 142 000 F par an en moyenne, contre 121 dans le privé. On va quand même pas chipotter pour deux briques.

Retraite

Sans tambours ni trompettes, la durée de cotisation des travailleurs du privé a été allongée par le gouvernement Balladur.

PEUT-ON RIGOLER AVEC LA DURÉE DE COTISATION DES TRAVAILLEURS DE LA FONCTION PUBLIQUE ?

Ce pauvre Juppé a dit trop fort qu'il lui semblait logique d'imaginer le même effort pour la Fonction Publique.

Visiblement sa démonstration n'a pas convaincu. Tiens au fait, qu'est-ce qu'il devient Juppé ?

Sécurité de l'emploi

Quand on pense qu'il y a 350 000 licenciements par an dans le secteur privé, alors qu'il serait si facile de créer immédiatement 350 000 emplois de fonctionnaires pour éviter ce scandale. Et puis c'est pareil pour les 3 millions de chômeurs : vous ne croyez pas qu'on manque de profs et d'infirmières ?

Service public

« Il y a autant de service dans les services publics que de démocratie dans les démocraties populaires. »
Un usager fatigué par les légitimes revendications des travailleurs de la SNCF, de la Poste ou de la RATP. Un salaud, quoi.

Temps de travail

Le débat sur les 35 H a été rapidement étouffé dans l'administration. Côté employeur (l'État), on a jugé que la réforme était bonne pour le privé, mais trop coûteuse pour le public. Côté syndicat, on sait que 70% des fonctionnaires travaillent déjà moins de 39 H par semaine. Pour une fois, tout le monde est d'accord. Restent les entreprises publiques (EDF, SNCF...) qui n'ont aucune envie d'être socialement à la traîne, ce qui n'est pas leur genre.

Territoriale

La fonction publique territoriale est injustement méconnue. C'est elle qui anime nos 22 régions (dans des hôtels de région cossus), nos 100 départements, et nos 36 700 communes (record mondial absolu compte tenu de notre population), et nos sulfureux offices publics HLM. Un million de fonctionnaires ne sont pas de trop pour faire tourner tous ces machins.

Titulaires

Appel à témoin : dans le cadre d'une collection littéraire de haute tenue, nous recherchons une personne qui, ayant passé avec succès un concours de la fonction publique, n'aurait pas été titularisée à l'issue de sa période probatoire d'un an. Nous écrire vite pour que l'on modifie l'édition suivante de ce chef d'oeuvre.

LA TRAITE DE LA PEUR !
STARRING ! YVES MONTANT COMPENSATOIRE..
REVEILS MATIN A LA NITROGLYCERINE
MOLLOM

Traitement

Les fonctionnaires ne sont pas salariés, ils sont traités - et parfois maltraités selon eux, du modeste agent de bureau à 77 000 F par an à l'ambassadeur plénipotentiaire qui en touche 811 000 - primes incluses. Et sans compter les avantages en nature : crayons de bois gratuits pour le premier et Ferrero Roche d'Or pour le second (putain, la classe des soirées de l'Ambassadeur).

Valeur

Concrètement, ça rapporte quoi d'être fonctionnaire plutôt que travailleur virable, indépendamment de la feuille de paie ? Si vous achetez une maison, le banquier qui vous prête généreusement l'argent poura vous proposer une assurance chômage si vous travaillez dans le privé. Pour un emprunt de 500 000 Frs, le coût de cette assurance sera sur 15 ans de 28 000 Frs. Que n'aura pas à payer un fonctionnaire.

Voyage

Si les voyages forment la jeunesse, ils ne nuisent en rien à l'épanouissement du fonctionnaire des DOM-TOM. Ceux-ci - qu'ils soient métropolitains ou autochtones - bénéficient d'un statut qui date des colonies et qui tient compte... des maladies tropicales et du long parcours à effectuer... en bateau. Les traitements y sont donc de 40 à 50% supérieurs, plus vacances, plus billets d'avion. Avantage pour le contribuable : ils sont moins souvent en grève qu'à la SNCF.

Zustice zoziale

Le meilleur pour la fin. Vous connaissez la CSG, cet impôt - cotisation sociale, en partie déductible ? A l'occasion des récentes augmentations de cet impôt, et dans la plus grande discrétion, les syndicats de la fonction publique ont obtenu... une prime pour compenser les effets de celle-ci. Elle est pas chouette la vie ?

Achevé d'imprimer sur les presses d'Oberthur Graphique à Rennes